LES PÉCHÉS MIGNONS

DES FAUSSES DÉVOTES

Beaugency. — Imp. Laffray.

LES

PÉCHÉS MIGNONS

DES FAUSSES DÉVOTES

Par M. S.

PARIS

C. DILLET, LIBRAIRE-ÉDITEUR

15, RUE DE SÈVRES, 15

1888

> Les femmes font les maisons,
> elles feront les familles, et par-
> tant la société qui est la réunion
> des familles. mais à une condi-
> tion, c'est qu'elles seront des chré-
> tiennes trempées dans l'acier, et non
> pas dans l'eau de rose · des femmes
> qui liront l'Évangile et non pas des
> romans.

Des cris d'indignation s'élèveront peut-être
contre les lignes qui vont suivre... mais que
m'importe, j'aurai dit la vérité, il y a encore
un certain mérite à cette abnégation de soi !
Mérite dont on ne vous tient aucun compte, car
la vérité irrite quand elle blesse. Parler trop haut
le sévère langage que rarement on aime à entendre, c'est sans doute une folie. Cependant, poussé
par cet intérêt que doivent inspirer les femmes,
soit dans leur vie privée. soit dans leurs rela-

tions sociales, je cède au besoin de dévoiler aux femmes, à celles, surtout, qui se doivent en exemple aux autres, les ridicules dont les couvrent, à leur insu peut-être, la légèreté de leur caractère et la fausseté de leurs jugements. Si je froisse certains amours-propres, ce sera certainement sans vouloir me jeter dans des personnalités insultantes. J'ai compris le bien qu'on pourrait faire en attaquant de front un mal qui mine lentement la société tout entière. Une longue expérience et une observation minutieuse du caractère des femmes en général, m'ont acquis le droit de dire que la femme est un abîme de bonté et de dévouement, ou un abîme d'égoïsme et de perfidie.

Certaines opinions à vue courte, à idées étroites, m'accuseront d'avoir voulu porter des coups élaborés dans l'ombre. Des jugements isolés et faux sont des coups qui ne blessent pas. « Ceux qui, sans nous connaître assez, pensent mal de nous, ne nous font pas de tort ; ce n'est pas nous qu'ils attaquent, c'est le fantôme de leur imagination. » D'ailleurs, si j'ai des ennemis, je ne les connais pas, ou m'en inquiète peu : j'écris en toute simplicité, et avec la droiture d'intention qui a toujours guidé ma plume.

M. S.

Toulouse, 2 avril 1882.

LES
PÉCHÉS MIGNONS
DES FAUSSES DÉVOTES

I

Ange ou démon, la femme est le plus souvent un être insaisissable qui échappe à l'analyse. La mobilité de son caractère, de ses goûts et de ses sentiments, retombe quelquefois sur elle-même en opinions fausses, qui la défigurent ou l'amoindrissent dans l'estime publique. Son esprit, trop léger ou trop prompt, n'a pas cette pénétration qui fait concevoir facilement, et remonter aux principes des choses pour les juger avec netteté et justesse. L'idée du vrai, trop peu formée en général dans l'âme des femmes, ne leur permet pas de rapprocher les conséquences des principes, et de combi-

1.

ner leurs rapports. Aussi, le plus grand nombre d'entre elles manquent de bon sens, et surtout de délicatesse, ce sentiment exquis que possède l'âme élevée et droite, ou qu'elle s'efforce d'acquérir. Le côté sérieux de la vie semble n'être pour elles qu'un point incertain à l'horizon de leur existence. Les objets frivoles et les bagatelles ont seuls le don de les captiver. Chez la plupart des femmes, l'envie de briller éteint tout autre sentiment. « Le monde est bien malade, il va à sa perte, et l'on dit que les femmes peuvent beaucoup pour le relever. » Cela est vrai. mais pour les rendre capables d'une mission si noble et si belle, il faudrait d'abord qu'on leur apprît à se connaître, et que, sans périphrases, l'austère langage de la vérité ne cessât pas de frapper leurs oreilles, amollies par les sons voluptueux et menteurs d'une basse flatterie. Il serait bon qu'on les fît bien se pénétrer de cette idée, que l'impérieuse loi du devoir est un précepte divin, et non pas une note discordante dans la grande symphonie de la création, comme il plaît à bien des femmes de se l'imaginer.

« Il faut considérer, entre le bien que font les femmes quand elles sont bien élevées. le mal qu'elles causent dans le monde quand elles manquent d'une éducation qui leur inspire la vertu. Il est constant que la mauvaise éducation des femmes fait plus de mal que celle des hommes, puisque les désordres des hommes viennent souvent, et de l'éducation qu'ils ont reçue de leurs mères, et des passions que d'autres femmes leur ont inspirées dans un âge plus avancé (1). »

La société, avec ses aspirations vers un ordre de choses en rapport avec ses besoins moraux, reconnaît bien l'utilité de l'instruction pour toutes les classes ; mais elle se met peu en peine de ce besoin d'éducation morale, qui, pour la femme surtout, est une nécessité lui retraçant les règles les plus intimes de sa vie, et lui donnant cette persuasion et ce charme qui s'emparent aisément de tous les cœurs.

L'éducation morale est une leçon continuelle que toutes les positions admettent ou réclament. Sans elle la vertu est impossible, et là où la vertu disparaît le prestige s'efface.

« Malheur au siecle où les femmes perdent leur

(1) Fenelon (de l'Education des filles)

ascendant et où leurs jugements ne font plus rien aux hommes. Tous les peuples qui ont eu des mœurs ont respecté les femmes : Voyez Sparte, voyez les Germains, voyez Rome, Rome le siège de la gloire et de la vertu si jamais elles en eurent un sur la terre. C'est là que les femmes honoraient les exploits des plus grands généraux ; qu'elles pleuraient publiquement les pères de la patrie ; que leurs vœux ou leurs deuils étaient consacrés comme le plus solennel jugement de la République. Toutes les grandes révolutions y virent des fem-. mes : par une femme Rome acquit la liberté, par une femme les plébéiens obtinrent le consulat, par une femme finit la tyrannie des décemvirs, par une femme Rome assiégée fut sauvée des mains d'un proscrit (1). »

Et cependant ces femmes n'avaient pas toutes pénétré les mystères des sciences profanes, le christianisme ne leur avait pas encore prodigué ses grandes et sublimes leçons ! Mais ces femmes avaient le sentiment des devoirs domestiques. Elles s'occupaient surtout du soin de leurs enfants,

(1) Jean Jacques (Emile, tome III)

et ne perdaient pas leur temps en vains manèges
de coquetterie. C'étaient de nobles femmes, et surtout d'honnêtes femmes. Le cœur d'un époux pouvait à toutes les heures se répandre dans leur cœur,
et quand elles y découvraient quelque humiliante
faiblesse, par des traits affectueux, par une dou-·
ceur inaltérable, elles savaient rappeler l'homme
à sa dignité, ramener le père à sa famille et le
citoyen à son devoir. A la femme seule, en effet,
appartient l'empire du monde. Mais elle ne par-
viendra à le conquérir que par les armes d'une
modestie parfaite, et par une entière abnégation de
soi. Car la femme ne doit jouir de ses triomphes
qu'à ses propres yeux, ignorée de tous, n'ayant
pour témoins de ses vertus et de ses mérites que
Dieu et sa conscience.

II

D'où vient donc que, de nos jours où tout semble
concourir au perfectionnement des mœurs et du
caractère des femmes, et au développement de leur

intelligence; où l'instruction, aussi bien que l'éducation morale et religieuse, sont répandues à flots autour d'elles pour les préserver contre les abus et les pièges d'un positivisme insolent et contre ceux d'une littérature obscène, d'où vient cette légèreté de mœurs chez les femmes, ce manque de loyauté et d'honnêteté dans les relations qui rendent si redoutable, parce que le plus souvent elle est pernicieuse, la société des femmes en général ?

C'est que ces femmes, dont la bouche semble ne devoir s'ouvrir que pour la prière, et les mains que pour répandre des bienfaits dans la main des malheureux, celles qui sont destinées à élever sur leurs genoux des enfants pour en faire des hommes dignes de porter noblement ce nom, ces femmes, étouffant la voix du cœur et celle du devoir, livrent leur esprit et leur cœur aux songes creux qui bercent leur folle imagination, effacent de leur âme les notions du vrai et du bien, et en se livrant sans mesure aux joies insensées du monde, elles courent y ensevelir les joies pures de la famille et les vertus austères qu'elle était en droit d'attendre d'elles.

Et plus coupables encore sont ces femmes qui
rêvent d'unir ensemble et la terre et le ciel ; que
l'on voit, le matin, sous les voûtes embaumées du
temple, au lieu de prosterner humblement leur
corps, déjà paré comme pour une fête mondaine,
prendre des poses languissantes, pour aspirer le
parfum de l'encens et s'enivrer de la riche poésie
des chants liturgiques, ou des accords mélodieux
de l'orgue religieux ; tandis que le soir, dans un
simulacre de vêtement, on les voit se presser, sous
les lambris étincelants d'une salle de bal ou de
spectacle, se livrant ainsi vêtues aux observations
anatomiques de ceux qui, en voulant les admirer,
les méprisent, parce qu'ils savent bien que là
elles prostituent leur âme et leur cœur. Demandez
surtout à la jeune fille qui est entrée en ces lieux
belle comme la statue antique, pure comme la
fleur à peine éclose aux premiers feux du jour,
demandez à la jeune fille, qu'une mère peu clair-
voyante livre à demie vêtue aux regards insolents
de quelques jeunes libertins. demandez à cette
enfant qui sort du bal, si sous les regards brûlants
qui ont cherché à voir même au-delà de ce qu'elle
a permis, les élans de son cœur si pur n'ont pas

été flétris par le démon de la volupté qui, peut être, à ce moment a rivé à son cou une chaîne qu'elle ne saura plus briser !

Et des femmes qui portent le nom de mères, ne redoutent pas la responsabilité des fautes et des larmes qu'elles pourraient si aisément prévenir ! Non, car ces femmes manquent de bon sens et de réflexion. Elles semblent même ne pas connaître les convenances les plus élémentaires. Aussi, elles passent de la loge de spectacle au prie-dieu de la chapelle ; quelquefois même, après avoir passé leur veille à applaudir une représentation plus ou moins licencieuse, bien souvent côte à côte avec un groupe de courtisanes échevelées, dont les propos éhontés ont caressé leurs oreilles, ces femmes ont l'impudence de venir le lendemain, non pas seulement s'agenouiller aux pieds des autels, mais à la table sainte ! Elles ne rougissent pas de laisser surprendre dans leurs mains, à la place des douces pages de Marie-Madeleine et de la Samaritaine, dont peut-être elles ne soupçonnent pas l'existence, les pages décolletées de *Nana* ou de quelque produit du même sol, que l'on retrouve sous leurs yeux avant de se rendre à l'église pour communier et qu'elles reprennent avec empressement après la communion. Et l'on s'étonne de voir la plupart d'entre elles porter jusque dans le temple saint un orgueil insolent, une sensualité dégradante, qu'elles n'ont pas la pudeur de voiler, pas plus que leurs brûlants désirs, et l'adultère du cœur, le plus coupable des adultères !

Mais c'est trop, contre un mari, d'être à la fois coquette et dévote, de renfermer dans son livre d'heures le billet parfumé remis quelquefois à la porte de l'église par un laquais ou par une mégère, et de porter suspendu à son cou, rivé à une chaîne d'or à côté de la médaille immaculée, l'écrin émaillé qui renferme le portrait d'un adorateur.

Et ces femmes osent tenter parfois, sous le regard de Dieu et dans son temple, d'user de cette influence de boudoir qui dans le monde leur facilite l'assouvissement des petites haines et des grandes vengeances. Haines et vengeances, que l'envie réveille dans le cœur de ces couleuvres insinuantes et venimeuses qui ne reculent devant aucune bassesse pour enlacer de leurs replis tortueux, cherchant à l'étouffer, tout ce qui a quelque mérite, tout ce qui n'est pas indigne des regards publics ! Sans respect pour elles-mêmes, comment sauraient-elles rien respecter des dons qu'elles possèdent ? Et ceux mêmes de la nature qui sont en leur pouvoir ne font que les rendre plus coupables. Cette beauté, ce charme indéfinissable qui les rend irrésistibles, à quoi les font-elles servir ?.. Comprenez votre mission, ne cesse-t-on pas de leur répéter. Vous êtes appelées à une destinée tout exceptionnelle ; employez toute la finesse de votre esprit, toutes les gracieuses séductions qui vous font réussir dans le monde, employez-les à vous emparer du cœur de vos maris. Usez de vos talents si vous en possédez, de votre fortune si Dieu vous a confié le dépôt des richesses, usez des uns et des autres, non pas pour mériter les louanges des hommes, mais pour vous grandir dans votre propre estime. Par cela vous pourrez tout ce que vous voudez.

Il n'y a que la femme libre pour vivre dans un tel désordre, et faire un mari se repentir vingt fois le jour d'avoir rivé sa destinée à celle d'une femme, ou d'envier le sort de celui qui n'en a pas.

III

Mais ce langage austère les importune, et lorsque par hasard il arrive jusqu'à elles, on les voit
secouer dédaigneusement la tête, persuadées qu'elles sont que tout doit céder à la puissance d'un
extérieur hypocrite et menteur, qu'elles emprun-
tent à ces petits êtres perfides que l'on nomme
ironiquement les dévotes. Elles le sont en effet,
mais leur dévotion n'a rien de commun avec cet
amour saint, ce culte dévoué de tous les instants,
que l'âme généreuse et grande veut toujours accomplir. Il ne faut pas confondre ces femmes, qui
jettent une sorte de ridicule sur les pratiques
pieuses que la religion inspire, avec les femmes
sincèrement chrétiennes, dont le nombre, hélas !
est relativement trop restreint. Non, la femme
vraiment pieuse ne ressemble, grâce à Dieu, en
rien à ces pharisiens en jupons, qui cherchent à se
consoler devant Dieu des trop justes délaissements
du monde, et qui, loin d'excuser le prochain dans

ses faiblesses, emploient toutes leurs ruses pour le
rendre plus odieux encore, et veulent quand même,
non pas le réconcilier avec Dieu, mais par leurs
délations secrètes, le pousser vers l'abîme d'où
peut-être il ne pourra plus s'arracher. Il ne se
doute pas certainement que le délateur ne fait
que dévoiler ses vices, en cherchant à mettre à
jour ceux de son frère. Rien n'est épargné par ces
langues venimeuses : un caractère sacré, un front
couronné de cheveux blancs, une réputation sans
souillure ; rien n'échappe au jugement que souvent
de simples apparences ont réveillé chez ces esprits
étroits et perfides. Aussi, la vie de ces femmes ne
peut être qu'un sacrilège non interrompu ! Car
l'on a dit avec raison : la calomnie, la noire malice
des hypocrites qui passent leur vie à tromper et
nuire, c'est le rire du démon qui grince des dents
devant le bonheur du ciel (1).

Menteuses dans tous leurs actes, leur manière à
elles de prier ne consiste pas dans cette admira-
tion et cet anéantissement de l'être créé devant
son créateur. Non ! leur manière à elles de louer

(1) Alphonse Karr

Dieu consiste dans une série interminable de formules qu'elles grimacent du matin au soir, et du soir au matin, interrompues, à certaines heures, par des conversations oiseuses ou malveillantes. Lorsqu'elles se rendent dans le temple dont leur regard louche et perfide explore les plus petits recoins, on croit qu'elles y vont pour prier : eh bien ! non ; c'est pour s'admirer elles-mêmes dans leur simulacre de piété. Souvent, il est vrai, la rude haire déchire leur corps ; mais, ici encore, l'orgueil plus que la dévotion a sa part. Et dans leurs rêveries insensées qu'elles décorent du nom d'extases, elles entrevoient déjà les trônes préparés pour elles dans le ciel, et les autels que les générations futures dresseront en leur honneur sur la terre.

Mais il ne nous appartient pas de les juger, ni de guérir un mal, hélas ! trop connu par les conséquences funestes qu'il ne cesse pas de traîner à sa suite ; que de plus habiles cherchent et appliquent le remède ; que ceux qui ont mission pour cela, les remettent à leur place, comme Rondelet le dit d'un certain monde, dans une lettre à sa cousine Nathalie. — « C'est en effet, dit-il, un

des spectacles le plus fréquemment renouvelés de
ce monde, grâce à la pusillanimité et à l'audace
qui s'y rencontrent à chaque pas, de voir l'insolent triomphe d'un homme qui vous opprime de
son langage et de ses jugements, sans que per-
sonne ait le courage ni de protester ni de répon-
dre. Il tire toute sa victoire du silence volontaire
de ceux qui le désapprouvent; et pourtant au lieu
de se montrer reconnaissant de l'effort par lequel
on consent à les supporter, il étale insolemment
ses opinions, et fait semblant de croire que vous
les partagez en effet. . . . .

. . . .

Ce même monde, ma chère cousine, ne se montre
pas toujours aussi complaisant ni aussi commode
dans ses appréciations. Autant il est prompt à bais-
ser la tête lorsque le mal triomphant étale devant
lui l'insolence de ses succès et l'écrase sans pitié
sous l'audace de ses théories, autant il est disposé
à prendre sa revanche lorsqu'il s'agit de jeter son
coup de bec sur quelque pauvre hère dont chacun
arrache les plumes. Alors, il n'y a plus rien d'excu-
sable ni d'admissible, les moindres peccadilles se
changent en forfaits; les intentions les moins sus-

pectes se rembrunissent. C'est toujours la sentence de ce pauvre âne dans les *Animaux malades de la peste.* »

IV

La médisance et la calomnie, devenues un besoin chez la plupart des femmes, semblent chaque jour se raffermir et s'étendre, parmi celles surtout qu'une position bien assise, quelquefois en apparence, préserve néanmoins des soucis qui dévorent la femme que la fortune traite quelque peu en marâtre. Aussi ces femmes, qui ne connaissent pas les inquiétudes du lendemain, vivent-elles d'une vie factice, faisant de la nuit le jour, traînant leur ennui partout où elles portent leurs pas, cherchant mais ne trouvant nulle part rien qui comble le vide affreux qui les épouvante. Saturées de plaisirs, blasées sur toutes les émotions, elles en demandent de nouvelles à ces pages empoisonnées où elles retrouvent le Lindor de leurs rêves, ont les débauches et les romanesques aventures les font rêver et se permettre des comparaisons insultantes entre ce héros de boudoir et l'honnête homme dont elles portent le nom, et dont le plus souvent elles gaspillent la fortune, en le traîtant de goujat, en le méprisant au point de le rendre un objet de dérision et de pitié.

Et de ce dévergondage des sentiments d'une femme et des écarts de son imagination dévoyée, naissent chez elles le dégoût des occupations sérieuses et cet amour de l'oisiveté qui conduit à tous les vices et plus particulièrement à la jalousie, qui est la plus dangereuse des passions parce qu'elle est la plus incurable. C'est, en effet, un vice qui mène à tout, parce qu'on se le déguise toujours à soi-même. C'est l'ennemi éternel du mérite et de la vertu ; tout ce que les hommes admirent l'enflamme et l'irrite ; il ne pardonne qu'au vice et à l'obscurité ; et il faut être indigne des regards du public pour mériter ses égards et son indulgence. Un grand philosophe, qui fut à la fois un grand saint, a bien autrement flétri cette passion, en appelant la jalousie : « La passion des bêtes. » Aussi la femme oublieuse de ses devoirs, sera plus facilement qu'une autre dominée de cette passion. Une femme qui s'inquiète peu de la part qui lui revient dans la solidarité établie entre les membres de la g·ande famille humaine, oublie son devoir en négligeant les bonnes œuvres qu'elle pourrait accomplir. Elle est donc coupable, aussi bien que celles qui, au lieu de produire des exemples de vertu, sont au contraire, par leur hypocrisie et par leurs mensonges, un déplorable sujet de scandale. Les unes et les autres gaspillent leur existence; elles insultent Dieu, provoquent les railleries impitoyables d'un monde qu'elles s'imaginent tromper, et le plus souvent elles attirent sur leurs familles et sur la société toute entière, toutes les malédictions du ciel.

V

Je communiquais ces impressions à M. P... au sortir d'une cérémonie religieuse, où l'attitude de certaines femmes l'avait étrangement surpris. Appartenant au culte réformé, il n'entrait jamais dans un temple catholique, et c'était, me dit-il, la

2

deuxième ou troisième fois de sa vie qu'il en fran-
chissait le seuil. — Je m'attendais à voir un plus
grand respect et un recueillement plus profond,
chez les femmes surtout, me dit-il; et j'aurais
voulu, à un moment donné, vous faire remarquer,
à quelque distance de la place où nous étions, deux
femmes qui paraissaient jeunes encore. L'une
d'elles n'a pas cessé un instant de braquer sa lor-
gnette sur l'orateur, dont elle semblait, non pas
recueillir attentivement les pensées et la parole,
mais suivre d'un œil interrogateur les gestes et le
regard. Puis je l'ai vue plusieurs fois se pencher à
l'oreille de sa voisine, et échanger avec elle un de
ces sourires moqueurs que la femme bien élevée
n'oserait pas se permettre dans une réunion mondaine, alors surtout qu'elle est sûre d'y rencontrer
d'honnêtes gens. Les femmes appartenant à notre
culte se garderaient bien d'agir ainsi, pendant que
nos ministres font entendre la parole de Dieu. Je
comprends, ajouta-t-il, les raill_ries qu'attirent
sur elles de la part du monde ces femmes qui fré-
quentent assidûment l'Eglise et qui, souvent, sont
moins vertueuses que celles qui n'y vont pas! —
Mais il n'en est pas ainsi de toutes les femmes qui

vont journellement à l'Eglise, dis-je à mon ami. —
Je l'espère, me répondit-il, pour la gloire de votre
culte d'abord, et pour l'honneur du grand nombre
de femmes que vous y comptez. La tenue de ces
deux étourdies, ajouta-t-il, m'a remis en mémoire
un rêve que j'eus il y a quelques années pendant
un de mes derniers voyages en Allemagne.

Ce rêve, qui me parut un affreux cauchemar,
me frappa à tel point qu'à mon réveil je palpai soigneusement ma tête, pour bien m'assurer que pendant mon sommeil une puissance infernale n'avait
pas mit à la place de mon chef un de ces crânes
brûlés par la douleur, qu'entrevit un jour le sombre
génie du poète. — Et, sans nous en être aperçus,
nous avions pris, mon ami et moi, une rue qui
conduit sur une vaste promenade où des tilleuls
couverts de fleurs répandaient dans l'air leurs sen-
teurs embaumées, et dont les rameaux vigoureux
tempéraient les ardeurs d'un soleil encore brûlant
à cette heure du jour. — J'ai grande envie de vous
conter mon rêve, me dit M. P..., voulez-vous?
Tenez, le lieu me semble on ne peut mieux choisi!
Allons nous asseoir au pied de ce tilleul! — Il y
avait devant nous un massif de rosiers entouré

d'arbres verts qui masquait la vue et faisait de cet
endroit une retraite charmante où rien ne semblait
devoir troubler nos entretiens.

— A peine eus-je fermé les yeux, me dit M. P...,
que je vis à l'horizon de gros nuages, une tempête
affreuse qui s'avançait rapidement et menaçait de
tout détruire; le vent mugissait avec fureur dans
les grandes branches, qui semblaient pousser des
cris plaintifs sous les coups redoublés de la tour-
mente qui agitait violemment leurs troncs sécu-
laires. Une frayeur mortelle me saisit à cette vue
et, encore étourdi par tout ce bruit, je me réfu-
giai dans une église gothique, le seul asile resté
ouvert !... Et dans mon rêve, je vis les autels inon-
dés de lumières, et l'intérieur de l'édifice était tout
tendu de riches étoffes et portait, attachées à ses
murailles, d'innombrables bannières flottantes.

De nombreux lévites étaient tous rapprochés du
sanctuaire et tenaient dans leurs mains des encen-
soirs d'or, d'où s'échappaient en blanches spirales
des parfums suaves et doux qui, en s'élevant, cou-
vraient d'un léger nuage la lampe d'or suspendue
à la voûte du temple. Au milieu des lévites appa-
rut un beau vieillard. Il portait un manteau de

velours de couleur sombre, tout chamarré de broderies d'or fin. D'un signe de sa main, il fit se prosterner jusqu'à terre tous ceux qui étaient autour
de lui; puis il les releva par une parole mystique
qui se perdit aussitôt au milieu d'un bruit confus
que l'on entendit venir de l'un des angles de l'édifice, et d'où l'on vit sortir une nuée sombre qui
vint s'abattre au pied de l'autel. Et il sortit de ce
nuage noir, non pas le cheval roux qu'entrevit un
jour le solitaire du blanc sommet de Pathmos,
mais un essaim de grenouilles, de sauterelles, de
chauves souris mêlées à une infinité de petits
insectes, qui s'attachaient aux murailles et por-
taient leurs bourdonnements aigus jusqu'aux oreilles des lévites, dont ils interrompaient les chants
pieux. J'écoutais et je regardais, cherchant partout
une issue pour m'enfuir, lorsque, du milieu des
grenouilles toutes recouvertes encore de la vase
où elles étaient restées engourdies pendant l'hi-
ver, l'on vit s'échapper une sorte de phénomène à
l'œil brillant, aux dents aiguës, moitié grenouille,
moitié singe. Une large grenouille sautait après
lui. Le ouistiti marchait le premier, se dandinant
et s'admirant; il choisit, pour s'y réfugier, dans

une des travées de l'édifice, l'endroit le plus caché
et qui, en ce moment, était éclairé à peine par un
rayon de soleil pénétrant à travers les vitraux
gothiques. Le ouistiti tourna à droite et à gauche,
fouilla minutieusement du regard les alentours;
puis, d'un air profondément protecteur, il invita
la patiente grenouille à venir s'asseoir près d'elle,
car le ouistiti avait pris pour la circonstance un
visage de femme et changé ce jour-là sa peau velue
contre de riches vêtements. Il avait mis une robe
de satin bleu pâle, ornée d'un fouillis de dentelles
et d'innombrables sequins d'or; il portait sur la
tète une petite tour cerclée, et les cercles étaient
d'or pareil à celui des gros anneaux qui pendaient
à ses deux riches oreilles. Au-dessus de l'oreille
gauche, l'on voyait se balancer coquettement une
grosse fleur de fuchsia au rouge vif qui, par inter-
valles, déteignait sur le visage et dans les mains
du ouistiti femelle. La grenouille, un peu confuse,
considéra tout cet éclat et se replia sur elle-même,
car elle se sentait toute pauvrette, bien que sa
mise à elle fut, ce jour-là, des plus tapageuses. Sa
robe, en effet, était d'une étoffe soyeuse que l'on
ne pouvait définir, tant elle était surchargée de

grelots, de broderies et de clinquant ; ses cheveux roux, tout frisottés, retombaient en longues spirales sur ses larges épaules recouvertes d'un vêtement brodé de plusieurs nuances et portant, entre les épaules et brodée d'argent, une tête de flamant au bec recourbé.

— Comme vous voilà belle aujourd'hui, ma chère ! dit en se rengorgeant le ouistiti. — Ah ! répond toute larmoyante la grenouille, qui, près de vous, oserait se dire belle, incomparable beauté ? Mais, laissez-moi vous demander d'où vous vient cette richissime toilette qu'une sultane vous envierait, et qui, certes, n'est pas de mise pour le lieu qui nous réunit ! — Ouf... que dites-vous là, ma chère : songez donc que j'en voudrais porter ici de plus belles encore ; car c'est justement en ce lieu que je veux régner en souveraine, sans comparaison et sans ombre, sans que rien puisse m'y égaler ; rien, pas même ce manteau d'hermine que vous apercevez là-bas et qui a, dit-on, mille ans de vie. — Régner ici ! Mais d'où vous vient un songe si doux, ma toute belle ? il faut aller vers d'autres sphères, votre place n'est pas ici, car on y vit dans la lumière, et vous portez jusqu'aux oreilles de la

vase où vous êtes née! Et cette fleur au rouge
ardent, qui l'a plantée si fièrement sur votre oreille?
— Chut! dit le ouistiti en posant sur sa bouche
un doigt tout chargé de topazes et de saphirs.
Chut, car tout ceci est un mystère. Je l'ai volée
à mon mari, et j'en suis même fort repentante;
car, Dieu sait le dommage que mon larcin va lui
causer! — Votre larcin lui causer un dommage,
dit la grenouille toute ahurie du repentir de son
amie. Vous vous repentez pour bien peu, lui dit-
elle, quand vous auriez tant à pleurer sur des péca-
dilles moins vénielles que de voler votre mari, qui,
certainement, ne mourra pas de douleur quand il
ne retrouvera plus dans sa cachette la fleur par
vous enlevée... — Oh! que vous êtes ingénue, ma
chère, s'écria le ouistiti en frappant son front velu.
Il est vrai que vous êtes fort peu instruite et que,
par conséquent, vous ignorez que cette fleur, soigneusement entretenue et surtout abondamment
arrosée, devient une mine féconde renfermant
d'immenses trésors. Et c'est-là surtout, naïve que
vous êtes, qu'il me serait donné de puiser à pleines
mains des richesses qui mettraient à mes pieds
tous les saints du ciel et feraient râler d'envie toutes

les Danaés de la terre... — Et à quoi bon, reprit
la grenouille, chercher à exciter l'envie des autres,
vous, la plus enviée des femmes, satellite la plus
rapprochée du soleil, étoile scintillante près de qui
les constellations les plus lumineuses pâlissent et
ne sont en réalité que de petites lampes fumeuses!
— Ah!... c'est une fiche de consolation que vous
me donnez-là : vous ne pouvez croire qu'entre
toutes je sois la plus enviée et la plus heureuse,
sachant qu'il en est d'autres qui, certes, peuvent
exciter l'envie encore plus que moi, et qui, cependant, font peu de frais pour cela; car elles n'ont
même rien volé à leur mari, pas même cette mau-
dite fleur qui vous fait rêver pendant qu'elle me
cause de si affreux cauchemars! Oh! je crois que
j'en deviendrai folle, car j'en ai déjà perdu le sommeil, le boire et le manger; cela finira par me
pousser à me précipiter, de rage, dans le ruisseau
qui serpente au pied de la terrasse de marbre de
mon vieux castel. Eh! tenez, n'entendez-vous pas
d'ici le bruit de ses eaux transparentes, qui en
fuyant semblent me répéter sans cesse : « Ouistiti,
mon petit, n'abuse pas de ce fuchsia dont le rouge
vif peut troubler ton regard si doux. Prends garde

qu'éblouie par son éclat, ta vue ne se trouble, et qu'à
ton heure dernière ton pied ne manque la passe-
relle qui conduit au fleuve Léthé... » — Chat ! dit
la grenouille épouvantée, entendez-vous le bruit
qui se fait dans la travée voisine? Sauvons-nous,
ma belle, car j'y crois voir, non pas une des sauterelles qui s'agitaient tout à l'heure, mais un énorme
tatou femelle, un grand fourmilier, femelle aussi,
à la langue charnue et longue, qui pourraient bien
nous avaler. L'une et l'autre portent haut la tête
et semblent du regard défier le ciel. Ce sont sans
doute, de leur espèce, les plus hautes, les plus
huppées. Près d'elles, comme nous serions petites, qui sait même si leur pied ne craindrait pas
de nous heurter? — Tâchons de marcher après
elles, dit le ouistiti, afin que leur ombre nous pro-
tège. — Je n'en veux pas, dit la grenouille ; car,
lorsque l'orage gronde, l'on doit s'éloigner de
l'ombre et des arbres à haute futaie !

VI

Et mon rêve se continuait, me dit M. P..., et à la place indiquée par la grenouille. je vis, en effet, un tatou énorme, qui avait de grandes oreilles et le corps tout recouvert d'écailles. Un moment il se roula en boule, à la manière d'un hérisson, puis il prit un visage de femme. Mais à quoi bon vous entretenir si longuement d'un rêve que rien avant mon sommeil n'avait pu provoquer, car tout ce qu'il m'a fait voir et entendre me semble la chose du monde la plus incroyable.

— Qu'en savez-vous, dis-je en souriant à mon ami ? Et si l'on vous prouvait qu'il existe de par le monde des êtres capables des folies que vous avez vues et entendues en rêve ? Si à la place des grenouilles et autres acteurs de même espèce qui ont passé dans votre rêve burlesque, vous retrouviez vivantes, des femmes vêtues avec une recherche élégante, ayant un langage composé, une physionomie béate, et à l'occasion un air modeste et doucereux ? Que diriez-vous de cela ? — Je dirais

que mes yeux mentent, que ma raison bat la
campagne, ou que mon imagination égarée calomnie tout ce qu'elle croit voir et m'expose, à cause
d'elle, à me voir le hart au poing, la corde au cou
faire amende honorable, pour avoir si lâchement
calomnié des êtres si inoffensifs et si beaux ! —
Ne craignez ni le hart, ni la corde, lui dis-je, et
sans le moindre scrupule continuez votre récit. —
Vous le voulez, je continue ; mais ne vous en pre-
nez qu'à vous-même du dégoût ou de l'ennui qu'il
pourra vous causer. Le tatou de mon rêve avait le
front étroit, la bouche pincée, le regard oblique,
que l'observateur le plus attentif n'aurait pas pu
saisir. Son visage de femme était tout empreint de
cette perfidie d'une âme qu'une basse jalousie dévore
et fait s'abaisser en toute occasion. Le fourmilier
femme était au contraire long et efflanqué. Son teint
blafard devenait presque livide sous les reflets d'une
abondante chevelure noire qui voilait à demi ses
traits. Tatou portait ordinairement une robe de
satin vert émeraude, brodé couleur de feu. Sa
main spatulée était soigneusement emprisonnée
dans un gant jaune safran, et aux grands jours sa
tête portait fièrement un diadème, fait des pivoines

et de tous petits lys des bois. Oh! comme Tatou se
sentait belle sous ce pompeux attirail; belle à
bouleverser la terre, le ciel, l'enfer, et plus
encore... Durant mon rêve, je vis dans sa main
une sorte de baguette magique, qui faisait d'elle
à volonté tantôt Argus, tantôt Janus. Fourmilier
était toute vêtue de noir et se donnait des airs de
Quakeresse ou de Minerve méconnue. A son cou
pendait une boîte à surprises, ce que Tatou trou-
vait fort banal de la part du Fourmilier.

Je considérais avec la plus vive attention ces
deux êtres si étranges, lorsque dans mon rêve je
me trouvai transporté tout à coup sous de délicieux
ombrages, où à peine arrivé, je crus reconnaître
au fond d'une verte clairière Tatou rampant dans
les hautes herbes qui s'agitaient autour d'elle. Elle
jetait parfois un regard à la dérobée, puis se
replongeait dans l'ombre avec un mouvement bien
sensible d'impatience et presque de rage, de ne rien
voir venir. Mais tout à coup, ô joie si pure! elle
aperçoit au loin Fourmilier tirant de sa boîte à surprises une feuille de papier gris, contenant quelques mots à peine, mais fort peu du goût de Tatou.
— Qu'est cela! je t'en supplie, ma chère, parle,

oh! parle vite, te vient des flots bleus? —
Hélas! soupira la finette! Non, certes, il ne vient
pas de là ma belle; le croirais-tu? Huit, huit
comme celui là, ma chère! C'est désolant, c'est
monstrueux de voir dans ce petit espace que ma
langue couvrirait deux fois, de voir dans ce carré
abominable, tatous, fourmiliers, ouistitis, tous!
traités-là de misérables, d'hypocrites, de... Je n'ose
te le dire, ma fine langue balbutie devant un mot
si exécrable. Et Finette versait des pleurs à four-
nir toute une citerne. — Oh! ne pleure pas, ma
Finette, dit Tatou en grinçant des dents, car nous
ferons rentrer sous terre ce bruit confus qui te
trouble et te fait ainsi pâlir... Eh! que peut un pauvre *hère* contre tatous et fourmiliers, qui l'écrase-
raient de leur ombre, s'ils daignaient même le pro-
téger! Ne pleure pas, perle adorée de toutes les
cours d'ici-bas; écoute et sache exécuter mes
ordres, et nos frayeurs disparaîtront plus vite que
le pauvre *hère*. Tu vas me faire un beau discours,
bien étudié, bien répété. — Un discours, moi!
s'écrie Finette. Y songes-tu? — Oui, toi. car la
chose est des plus faciles pour ta langue charnue
qui, comme la mienne, ne s'est pas encore usée à

dédoubler la vérité. — Mais que veux-tu donc que
je dise ; parle vite, car je brûle de te servir ? Ma
vie, tu le sais, et ma langue, tout t'appartient ;
tout ! jusqu'au plus secret mystère qui même ne
m'appartient pas. — Oh ! j'étais bien sûre de ton
dévouement et de ta foi, chère finette, alors surtout que petite haine et grande vengeance peuvent
faire briller ton savoir. Va donc, prends ton cou-
vre-chef de Basile et, sans le moindre retard,
grimpe l'étroit sentier qui conduit à la haute cime
où vit un austère vieillard. Ne crains pas les grandes épines qui couvrent tout le chemin et, surtout,
ne te laisse pas intimider par l'air froid et sévère
du vieillard. Ne crains pas, et bien qu'il soit un
peu rustre, tu sauras l'obliger à t'écouter. — Oh !
y songes-tu, ma chère ; s'il est tel que tu veux le
dire, je n'obtiendrai rien de lui ? Mais il est tout
autre, sans doute, qu'il te plaît de l'imaginer ? —
Non, non, un rustre, te dis-je, qui confond races
et castes tout dans le même creuset, et qui vit si
loin de la terre qu'il ne connaît rien de ses dons,
hormis la lumière et les fleurs ! — Oh ! mais alors
il doit me connaître ? En ce cas, je vole, j'y cours ;
car, bien sûr, il m'écoutera, dit toute joyeuse

Finette. Et, prenant à son cou ses deux longues jambes, Finette accourt près du vieillard.

« Homme qui vis sur la montagne, dit bien humblement Fourmilier, tu vois sans doute, de la hauteur où tu vis, surgir et s'abattre à tes pieds bien des fléaux. Mais il en est un que tu ignores et que je viens te signaler; car il menace de détruire les rares et grandes espèces de tatous et de fourmiliers. Pour les scorpions et les limaces, qu'il les détruise c'est un bienfait, car toutes ces petites races sont nuages à notre soleil! Mais les grandes et belles espèces de tatous et de four-miliers être la proie d'un pauvre *hère* qu'un grain de sable suffirait à écraser! O vieillard, je t'en con-jure, pèse bien la cause et dis-moi; demande à toute ta sagesse ce qu'il faut faire pour nous sau-ver d'une catastrophe pareille, et surtout pour enterrer vivant le pauvre *hère*?..» Et Finette con-tinuait sa harangue, et son beau discours l'empê-chait de voir le mouvement fait par le vieillard pour ramasser son bâton blanc. Quand il se releva, Fourmilier, qui comprit l'apologue enfermée dans ce mouvement, sans même faire sa révérence, s'enfuit plus vite encore qu'elle n'était venue et

s'en va chez sa chère tatou, toute dolente, lui
conter son échec : — Ouf! tu l'avais bien dit, ma
chère, un rustre qui ne connaît rien et ne veut
même rien entendre de nos plaintes et de nos cris.
Ce n'est pas si haut, ma chère, qu'il faut dresser
nos batteries, user de nos ruses de guerre, chercher à tromper, à mentir. Tu prétends qu'il ne
sait que compter les étoiles. Et voilà pourquoi ses
yeux faits à la lumière voient de si loin et si bien.
Son langage est droit et ferme comme celui des
temps qui le virent naître ; aussi, crois-moi, fuyons
sans tambour ni trompette, sans le moindre éclat
et sans bruit, cherchons à détaler au plus tôt, car
nos gémissements, nos soupirs, nos gaies chan-
sons, nos langoureux refrains n'auront jamais d'é-
cho dans la sphère où vit cet homme inconceva-
ble !

— J'admire l'éloquence de ton discours, chère
Finette, toi dont le verbiage ferait envie à toutes les
pies d'alentours, mais ce que tu ne m'as pas appris
encore et ce qui m'intéresse le plus, c'est la douloureuse impression qu'a dû lui faire éprouver le
récit des maux qui nous menacent. — Ah! bien
oui. elle a été douloureuse. l'impression produite.

Ah! ma chère, que te voilà devenue confiante et naïve à son sujet! Veux-tu savoir l'effet produit par mon discours? A peine avais-je ouvert la bouche que je l'ai vu, sans proférer une parole, se pencher vers la terre pour ramasser son bâton blanc; et devine ce qu'il voulait en faire? — Que sais-je! — Si je n'avais fui promptement, il voulait l'essayer sur ma langue!... — Frapper ta langue, mon Fourmilier? mais le ciel eut fait un miracle pour prévenir pareil malheur; frapper la plus charnue des langues!... Oh! quelle horreur, quel noir forfait; toute une vie de pénitence pourrait à peine l'expier. Viens sur mon cœur, viens ma Finette, te consoler d'un tel affront. O le barbare, ô le vandale qui ne saurait pas respecter dans le plus beau des monuments la plus belle de toutes ses pierres! Quelle insolence, juste ciel! foi de Tatou, il périra, il périra, je te le jure!.. — Laisse-là tes pompeux discours, car tu n'en feras rien, ma chère! Ne sais tu pas qu'il vit trop haut pour que ni tatous, ni fourmiliers, ni limaces, ni ouistitis, de leur bave, puissent l'atteindre? Regagnons notre marécage, crois-moi; là seulement est notre place. Ne quittons pas notre élément. et sur le sol qui

nous vit naître, cherchons à régner. Mais qu'a-
perçois-je là-bas, s'écria Tatou en clignotant ses
grands yeux verts et en levant un regard déses-
péré vers le ciel. — Tiens. s'écria Fourmilier, c'est
la limace du petit marais et la chauve-souris de la
vieille tourelle qui se disent des tendresses et se
parlent tout bas à l'oreille. — Tu te trompes, elles
ne se parlent pas. D'ailleurs, que pourraient se
dire entre elles limace et chauve-souris ? — Oh !
regarde, mais regarde donc la limace qui fouille
dans ce petit coin, à gauche : comme ses narines
se dilatent, comme tout son petit-être se gonfle.
Qu'est-ce qui peut la bouleverser ainsi !... Elle a
dù mordre dans la ciguë à son lever, et elle cherche maintenant à cracher sur le pauvre *hère*. Oh !
s'il pouvait en être ainsi. La limace est mon enne-
mie jurée, mais ma rancune tomberait si je lui
voyais accomplir pareil fait, qui pour jamais pur-
gerait la terre et nous rendrait un peu de calme et
de repos. — Mais, dis, ma chère Tatou, quel est
ce petit poucet noir qui trottine après la limace ?
— C'est son petit roquet qui porte le pan de la
mante à Tata... — Et dire, chère Tatou, toi la plus
belle de la contrée, qu'il me faut te voir si souvent

mêlée à toute cette engeance! Et pendant que tatou et fourmilier se retiraient lentement, regardant sans cesse en arrière, la limace rampait vers un des angles de l'édifice. Le soleil dardait ses rayons de feu, et la clarté qu'il projetait en cet endroit déjouait son plan tramé dans l'ombre et dont les fils peu solides redoutaient le plus léger zéphir.

— Je me réveillai en sursaut, cherchant des yeux autour de ma chambre si rien de ce que j'avais aperçu pendant mon rêve n'était venu s'y loger. Ce cauchemar burlesque m'a longtemps poursuivi, me dit M. P..., et vous êtes le premier à qui je le conte, car certainement l'on n'aurait pas manqué de dire que mes croyances, qui sur certains points sont en désaccord avec les vôtres, m'ont poussé à faire une méchante plaisanterie. — Oh! ne craignez pas cela. N'a-t-on pas dit de Socrate que c'était un fou en délire et que c'était un fou plein d'esprit? Mais ceux des Grecs qui parlaient ainsi d'un homme si sage passaient pour fous également. Ils disaient : Quels bizarres portraits nous fait ce philosophe, quelles mœurs étranges et particulières ne décrit-il point? Où a-t-il

rêvé, creusé, rassemblé des idées si extraordi-
naires? Quels couleurs, quel pinceau! Ce sont des
chimères. Ils se trompaient, c'étaient des monstres,
c'étaient des vices, mais peints au naturel; on
croyait les voir, ils faisaient peur. Socrate s'éloi-
gnait du Cynique, il épargnait les personnes et
blâmait les mœurs qui étaient mauvaises.

VII

Eh bien! mon cher M. P..., comme Socrate,
votre rêve a peint tout simplement, non pas des
monstres et des vices, notre siècle de lumières n'en
veut pas, mais les péchés mignons de certaines
femmes, bien plus coupables par ignorance que
par malice: car elles ne savent pas que la femme
de bien est celle qui n'est ni une sainte ni une
fausse dévote, mais celle qui s'est bornée à n'avoir
que de la vertu, et que la femme vertueuse, ne sen-
tant jamais l'envie de s'élever au-dessus des autres,
ne veut pas des admirateurs qui n'admirent qu'elle,

ni de partisans et de protecteurs, dont le mérite et le talent sont partout reconnus et applaudis. Non, la femme vertueuse n'a jamais eu l'idée d'aspirer à ces jouissances défendues, que certaines femmes veulent à tout prix obtenir et souvent en cherchant à noircir et à perdre tout ce qui se place entre elles et l'objet de leur insolente passion. Non, elle ne ressemble pas à ces femmes, qui par leurs perfides intrigues essaient de porter le trouble dans la conscience et le cœur de cet homme saint qu'elles établissent le confident le plus intime de leur âme, et qu'elles ne cessent pas d'entourer de séductions et de pièges.

Et le plus souvent, à cette heure de la vie où, dans son imagination, l'homme revêt la femme de tous les dons du ciel, elles le font se replier sur lui-même et s'écrier : ange ou femme, fuyez loin de moi, laissez-moi en paix au fond des sanctuaires, ne me faites pas violer la sainteté de l'autel. Mais si l'on condamne cet homme à ce contact si dangereux, pourquoi le juger si sévèrement quand par malheur son pied chancelle? Demandez au rocher que les vagues frappent sans cesse si la molle et blanche écume, que les flots entraînent, ne mine pas lentement son granit? Que l'on demande au jeune prêtre qui reçoit les sanglots et les larmes d'une pauvre enfant trahie et abandonnée, qu'on lui demande si en cherchant à arracher au déses-poir la jeune fille qui ploie sous le coup d'une déception amère, il n'a pas à ce moment senti lui-même son cœur gonfler sa poitrine, s'il n'a pas crié vers Dieu, en frappant son front ruisselant d'une sueur glacée ! Et l'homme qui, sans scrupules et sans remords, fait couler les larmes. ose sou-vent insulter celui qui les recueille et qui éloigne une âme désolée des dangers affreux où son cruel abandon pouvait l'entraîner !... Oh ! n'insultez pas cet homme dont la vie est une lutte non interrom-pue, qui lui fait repousser ce que l'homme du monde cherche par tous les moyens à obtenir. Ne l'accablez pas de vos railleries insultantes si son pied chancelle, vous peut-être dont la fille ou la sœur, et le plus souvent la femme qui porte votre nom ont, par leurs basses intrigues, causé un si grand malheur ! Et pour un qui succombe, com-bien parmi ceux-là que vous méconnaissez, qui passent leur vie à consoler, à instruire, et souvent à éloigner de votre famille le déshonneur, que la légèreté de caractère de vos femmes et de vos filles y porterait. Vous mêmes, au lieu de remettre à leur place ces femmes, qui en cherchant à les perdre vous outragent, par votre manque de clair-voyance vous vous faites leur complice et les encouragez dans leurs perfidies !

Aussi, mon cher M. P..., je vous recommande de fuir avec soin ces hommes à courte vue, à idées fausses et étroites, que l'on voit toujours prêts à juger sans motif réel ou à condamner moins cou-pables qu'eux. Mais ce que je vous recommande sur-tout, par ces temps d'aveuglement profond et de canicule sociale, c'est de vous garder du choléra, des chiens enragés et des fausses dévotes !...

Beaugency. — Imp. J. Laffray.

BLANDA

PAR J. BOUSQUET, ancien maire de Vichy

Beau vol. in-18 jésus. 2 fr.

LES CHRÉTIENS AUX BÊTES

PAR MAURICE LE PRÉVOST. — In-18. 2 fr.

LARS VONVED

Ou *le Pirate de la Baltique*, par Mme LÉONTINE
ROUSSEAU.— 1 vol. in-18 de 351 pages. 2 fr.

A TRAVERS L'AFRIQUE

PAR LE CAPITAINE GRANT, traduit de l'anglais
PAR Mme LÉONTINE ROUSSEAU.

Très fort vol. in-18. 2 fr.

LA FERME ET LE PRESBYTÈRE

PAR YSABEAU

Très fort vol. in-18, nouvelle édition, avec une table
des matières très détaillée. 2 fr.

LE POINT D'HONNEUR

PAR ÉTIENNE MARCEL

2ᵉ édition. Très beau vol. in-18. 3 fr.

LE CHEMIN DU BONHEUR

PAR LE MÊME.

Bel in-18 jésus. 2 fr.

LES CHRÉTIENNES DE LA COUR

PAR Mᵐᵉ LA COMTESSE DROHOJOWSKA

In-18, 2ᵉ édition. 2 fr.

VENISE ET L'ESPAGNE

PAR Mᵐᵉ RENÉE DE LA RICHARDAYS

Bel in-18 jésus. 2 fr.

L'ÉPÉE DE CHARLES - QUINT

PAR LE MÊME

Très-bel in-18 jésus. 2 fr.

LAURE AUBRY

PAR L. BAILLEUL

Bel in-18 jésus. . . . 2 fr.

FORTUNE ET RICHESSE

PAR JEAN LANDER. — In-18. 2e edition. 2 fr.

LA COMTESSE DE SEMAINVILLE

PAR M. ÉDOUARD GRIMBLOT

Beau vol. in-18 jésus. 2 fr.

LES DEUX VEUVES

PAR A. DES ESSARDS

1 vol. in-18. 2e édition. 2 fr.

LE CHAMP DE ROSES

PAR ALFRED DES ESSARTS. — 2e et nouvelle édition,

In 18. 2 fr.

LA FORCE DES FAIBLES

PAR LE MÊME. — In-18. 2 fr.

LE BATON PERDU

PAR JEAN LOYSEAU

In-18 jésus. 2 fr.

LES LYS ET LES ROSES

PAR LE MÊME

Bel in-18 jésus. Prix 2 fr.

LES APRES-MIDI DE BOIS-THIBAULT
Récits et voyages, par M. L'ABBÉ V. POSTEL.
In-18. 2 fr.

SAINT ANTOINE LE GRAND
PAR CH. HELLO, Conseiller à la Cour d'appel de Paris
In-12. Prix : 2 fr.

LA CAVERNE DE VAUGIRARD
PAR B. BOUNIOL. — In-18, 2 fr.

SOIRÉES AMUSANTES
Bons mots, calembourgs. — In-18. 2 fr.

OISEAUX ET FLEURS
PAR H. LANGLOIS
Bel in 8. 2 fr.

LES MERCENAIRES DE LA PAPAUTÉ
PAR ARMAND DASSIER
Beau vol. in-18. 2 fr.

PIÈCES ET RECUEILS

Pour Pensionnats, Patronages, Cercles, etc.

— —

Si 'etais Princesse. par *A. Camus*.   1 fr.

Hierocles, par *Paul Croiset*.   1 fr.

Le Fils du Croise (drame), par le même.   1 fr.

Le Livre d'Heures, par le R. P. *Bailly*, S. J. 1 fr.

Le Trait d'Union. par le même.   1 fr.

Arthur de Bretagne, par *L. Tiercelin*, bel in-18.
    1 fr. 50

Monsieur Progrès, par *Maurice Le Prévost*, in-18.
    1 fr. 50

> Ce volume renferme 5 pièces :
>
> *M. Progrès.*
> *Le Fantôme.*
> *Un Quart d'heure de Révolution.*
> *L'Enfant Prodigue.*
> *Chacun son metier.*

Le Martyre de Saint Tharcisius, par le même,
in-18.   1 fr. 50

> Ce volume comprend 4 pièces :
>
> *Le Martyre de Saint Tharcisius.*
> *La Saint-Maurice.*
> *Fallait pas qu'il y aille.*
> *La Fête des Rois.*

La Comédie au Salon, par Mlle *Julie Gouraud*,
in-18.   – 1 fr.

Tante Marianne, par *Mme de Stoltz*.   0 fr. 60

———

REMISES SUR LES NOMBRES